Ein Nilpferd
steckt im Leuchtturm fest

Ein Nilpferd steckt im Leuchtturm fest

Herausgegeben von
Deutsche Akademie für Sprache und Dichtung
Stiftung Internationale Jugendbibliothek
Stiftung Lyrik Kabinett

HIMBEERBRAUSE

in dem elefantenhause
steht ne riesenschüssel
tausend liter himbeerbrause
für die durstgen rüssel

und die elefanten saufen
immer in der pause
zwischen trampeln zwischen laufen
zu viel himbeerbrause

tränken menschen diese menge
würden sie glatt sterben
elefanten lieben das weil
sie sich rosa färben

BILD: MICHAEL ROHER

TEXT: ARNE RAUTENBERG

BEGEGNUNG

„Ich wär so gern klein und schmal",
brummte der Wal.
„Ich wär gern groß und schwer",
sagte ein Fisch aus dem Gegenverkehr.
„Und ich wär gern ein Löwe",
krächzte oben die Möwe.
Da mussten sie alle drei lachen.
Sie lachten sich leicht und groß und heiter.
Dann schwammen und flogen sie weiter.

BILD: MICHAEL ROHER

TEXT: HEINZ JANISCH

SCHWEINSWALE ODER WALSCHWEINE ODER SO

Schwarze Zackenflosse neben mir im Wasser.
„Ein Hai!"
„Junge, das ist ein Schweinswal!"
Wo in den Wellen schnauft bitte
ein rosafarbener Rüssel,
schwimmt ein runder Bauch,
wo hör' ich's Quieken und Grunzen?
Wo tummelt sich das rosa Riesen-Walschwein?
Der flinke Schwein-Wal-Fisch?
Das fette Walfisch-Schwein?
Überall pechschwarze kleine Flossen
von richtig fiesen, miesen Babyhaien.

TEXT: TANJA DÜCKERS

KÖNNEN TIERE NICHT EINFACH NUR SÜSS UND NIEDLICH SEIN?

warum muss das eichhörnchen die jungvögel in den zypressen
aus dem nest räubern
und fressen?

warum hat die gänseschar
draußen im park ohne ein schlechtes gewissen
die liegewiese vollgeschissen?

warum zerkratzt die katz so überhaupt nicht nett
die ledercouch
und legt mir halbe mäuse vors bett?

und warum furzt der hund mit leisem gezisch
während wir essen
unterm abendbrotstisch?

das find ich fies das ist gemein
warum können tiere nicht einfach nur
süß und niedlich sein?

TEXT: ARNE RAUTENBERG

BILDER: REGINA KEHN

LIED DER TANZENDEN TARANTEL

die tarantel tanzt
den bauchtanz

die tarantel tanzt
die tarantel tanzt

die tarantel tanzt
den jazztanz
die tarantel tanzt
den schlangentanz

die tarantel tanzt
die tarantel tanzt

die tarantel tanzt
die tarantel tanzt

die tarantel tanzt
den arroganztanz
die tarantel tanzt
den affentanz
den mummenschanztanz
die tarantel tanzt
die tarantel tanzt
den firlefanztanz
den adventskranztanz
die tarantel tanzt
die tarantel tanzt
den rattenschwanztanz
den extravaganztanz

die tarantel tanzt
die tarantel tanzt

TEXT: ARNE RAUTENBERG

BILD: NADIA BUDDE

VOGELEI

Es fiel einmal
ein Vogelei
vom Himmel
in den Haferbrei.

Da liegt es warm,
da liegt es mollig.
Ob wohl was schlüpft?
Ich fänd' es drollig.

DAS KÜKEN

Kaum war es
aus dem Ei geschlüpft,

da wär's schon
gern zurückgehüpft.

BILD: JULIA FRIESE

TEXT: MICHAEL AUGUSTIN

MAMMUT

manchmal, wenn ich traurig bin, steht ein Mammut in mir drin, mit verheultem Fell und schlappen Riesenohren, die alle Worte missverstehn und auch in meinem Mund verdrehn. mein Mammut steht wie ausgestorben, aber fein auf einem Bein – viel zu traurig, um ein Tier zu sein. lieber wär's ein Zauberlehrling, Kokospalme im Spagat oder sogar Eiskunstläuferin! manchmal, wenn ich traurig bin, fällt das Mammut in mir drin laut schluchzend um. Bumm! wenn du uns dann aufhebst, uns die Stoßzähne wieder anklebst und mit deiner ausgewachsnen Riesenaffenhand einmal durchs triefende Fell gehst, stehn wir zweimal wieder auf, schniefen dreimal, schütteln uns viermal nach Dickhäutermanier und dann galoppiern wir davon.

BILD: REGINA KEHN

TEXT: ULRIKE ALMUT SANDIG

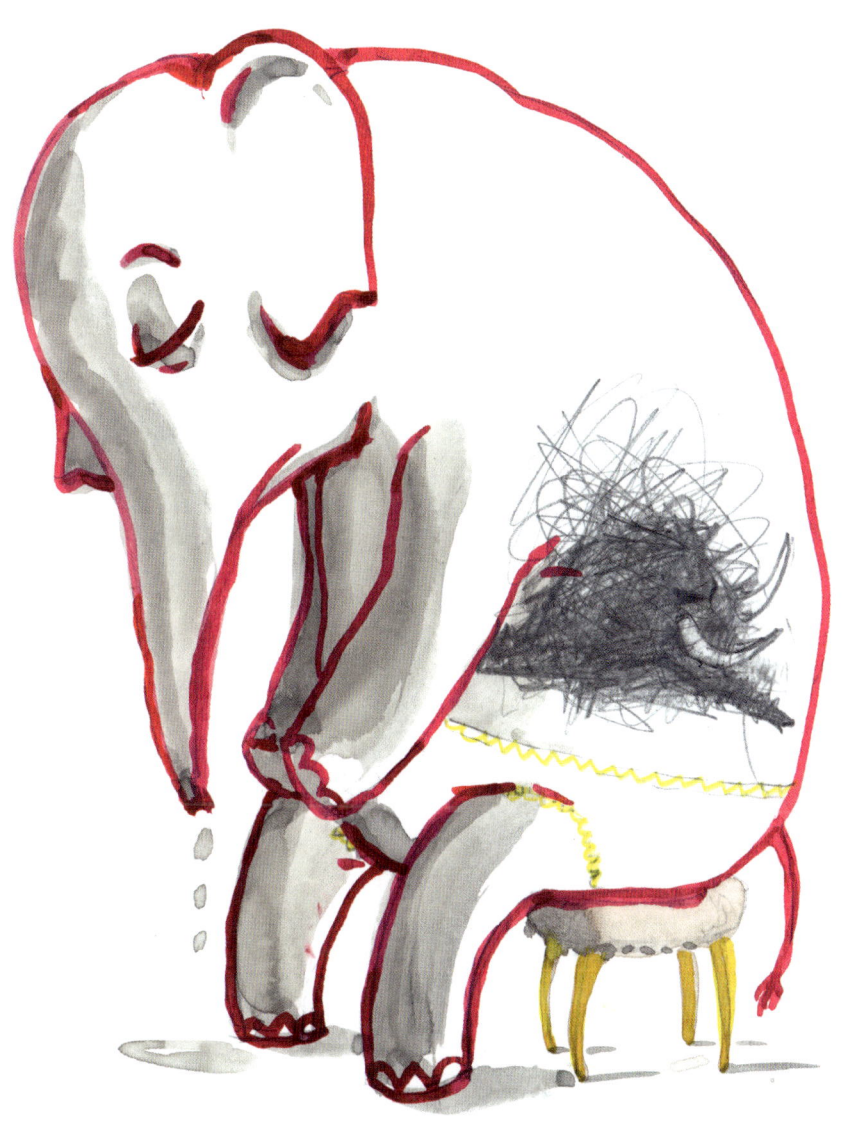

TRAURIGES G-DICHT

Einer entdeckte im Glücke
die Lücke.

Da verlor sich sein Glaube
im Laube.

Es sang ihm am Grabe
ein Rabe.

IM ZOO I

Publikum guckt

Lama spuckt

Publikum: iiiiiiih!

Lama: Hi, hi!

IM ZOO 2

Im Käfig
die Affen
können's nicht
raffen

wie diese
paffenden
Laffen
sie ständig
begaffen

TEXT: MICHAEL AUGUSTIN

BILD: MICHAEL ROHER

AUF DEM FUSSBALLPLATZ

Rotzfrech
war'n heut
die Regenwürmer:

Sie foulten
den Mittelstürmer.

WAS DER REGENWURM NACHTS MACHT

nach
nem
fiesen
regen
sturm
dreht
sich
frech
der
regen
wurm
ringelt
sich
zur
erde
raus
wird
zum
schmaus
der
fleder
maus

TEXT: ARNE RAUTENBERG

KÄTZCHEN & HUND

Mein Hund
der heißt Kätzchen,
mein Kätzchen
heißt Hund.

Warum
weiß ich auch nicht,
es gibt keinen Grund.

Wenn sie sich
mal streiten,
dann geht's
ganz schön rund:

Wau-wau!!!
sagt mein Kätzchen
Miau!!!
sagt mein Hund.

Hört auf
euch zu streiten,
es wird mir zu bunt!
Geht auf eure Plätzchen
und haltet den Mund!

Den woll'n wir nicht halten!
kreischen die Zwei.
Da seh ich es selbst schon:
der Streit ist vorbei.

Mein Hund
der heißt Kätzchen,
mein Kätzchen
heißt Hund.

Warum
weiß ich auch nicht,
es gibt keinen Grund.

BILD: REGINA KEHN

TEXT: MICHAEL AUGUSTIN

STADTHUND

Wenn du hinunter auf die Straße gehst,
wer bleibt vor dir stehen,
kläfft und zeigt mit allen Körperteilen, wie er sich freut?
Das ist der Wackel von der Nachbarin Frau Hackel.
Und wer bleibt ewig sitzen vor dem Baum?
Das ist bestimmt ein – na ja – ein Kackel.

HEUTE

Heute sah ich ein fliegendes Pferd.
Es ist – wirklich wahr, nicht gelogen! –
an meinem Küchenfenster vorbeigeflogen.
Ich blieb ganz still am Fenster stehen
und habe ihm lange nachgesehen.

DER WOLF IST TOT

Sie haben den Wolf geschossen.
Er kam aus dem Rudel,
das in meinem Heimatort lebt.
Er war zu zutraulich,
sagen sie.
Er kam den Menschen zu nah.
Sie sagen:
Er hat nicht gelernt,
dass Menschen ihm gefährlich werden können.
Jetzt hat er's Rot auf Schwarz,
sein Blut sinkt in die Erde.
Der Schuss bleibt
ungerecht,
ungerächt.

TEXT: MATHIAS JESCHKE

DER FUCHS

Der Fuchs schnürt durch den Garten.
Das Holz der Veranda ist warm.
Die Welt ist ganz verschwommen.

Ich blicke hinaus auf den See.
Im Schilf klagt die Blesshuhn-Oboe.
Der Fuchs schnürt durch den Garten.

Es ruckelt, es raschelt im Schilf.
Auf warmem Holz meine Hände.
Die Welt ist ganz verschwommen.

Ein Wind streift über das Gras.
Versilbert die rauschenden Pappeln.
Der Fuchs schnürt durch den Garten.

Balancieren auf gefällten Bäumen.
Ich bin in meinem Bauch verborgen.
Die Welt ist ganz verschwommen.

In meinen Händen die Ebne ist leer.
Mir ist kühl und es wird Abend.
Der Fuchs schnürt durch den Garten.
Die Welt ist ganz verschwommen.

TEXT: MATHIAS JESCHKE

KÄTROPPCHEN UND DER WÖSE BOLF

Kätroppchen gung dirch
den wanklen Duld.

Schla dich der wöse Bolf berhei,
er zirschte dit men Knähnen.

Der Honuld daß fras Kätroppchen
mit Haat und Haur.

Wund eil die sa westorben gar,
lum drebt nie sicht hehr meute.

IST DEM FISCH KALT

schwimmt er
in den algenwald

dort strickt er sich
mit flinken flossen

aus seegras
einen schal

(und friert dann wohl
ein andermal)

AUF DEM FISCHMARKT

Hier also kaufen
die Fische ein:

Drei Kilo Würmer.
Darf's sonst noch was sein?

WACKELPUDDINGTIER

Das Wackelpuddingtier am Strand
hat keine Ohren und keine Nase.
Keine Augen.
Keine Wimpern und keine Lider zum Öffnen und Schließen.
Keinen Schlaf und keine Träume.
Aber es lebt.

Heute Nacht träume ich für das Wackelpuddingtier
einen schönen, langen Küstentraum.

TEXT: TANJA DÜCKERS

DIE STUBENFLIEGE

Eine kleine Stubenfliege
lag auf einer Gartenliege.
Kam ein grüner Krabbelkäfer,
rief: He, fauler Mittagsschläfer,
runter hier von meinem Möbel!
Doch die Fliege gähnte: Pöbel
mich mal nicht so an, du Trottel!
Drauf der Käfer: Selber! Zottel
du bloß rein, du böser Bube:
Draußen ich! Du in der Stube!

TEXT: MATHIAS JESCHKE

der
biber
hat fieber
liegt krank
in der biberburg
der biber hat fieber
da kommt ein biberchirurg
der nimmt dem biber den blinddarm
raus das fieber es sinkt der biber schwimmt
wieder zu neuen ufern hinaus der biber er sucht nen
gestürzten baum nagt ihn entzwei entdrei entvier der biber sagt hier
ist mein raum hier bin ich ab heute zuhaus macht sich ne neue biberburg draus

TEXT: ARNE RAUTENBERG

BILD: REGINA KEHN

TEXT: HEINZ JANISCH

AM SEE

Gestern, beim Spazierengehen,
hab ich einen Schwan gesehen.
Er glitt ans Ufer, ganz leise,
und wünschte mir eine gute Reise.

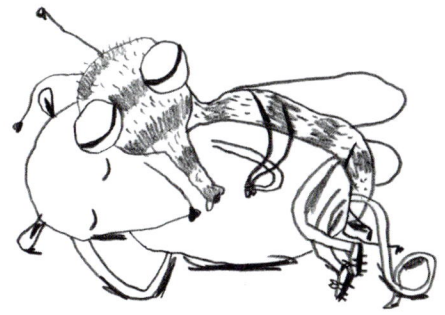

TRÄUME

Schlittschuhkrähen und Nashornmöwen
träumen am liebsten von Eisbärlöwen

Fußballmäuse und Tigerfliegen
träumen am liebsten von Zebraziegen

Ballettkatzen und Panthergnus
träumen am liebsten von Leopardenuhus

Jongliertapire und Flamingoaffen
träumen am liebsten von Flohgiraffen

TEXT: HEINZ JANISCH

QUASSELASSELN

manche hassen Quasselasseln. andere sind selber welche. die Quasselassel kann's nicht lassen, massenhaften Quatsch zu quasseln und mit ihren vierzehn fetten Gürteln sooooooooooooo zu rasseln! o, was sind die Quasselasseln doch für Knilche! sie wuseln mit nicht weniger als vierzehn blassen Beinchen über alle feuchten Steinchen, nassen Mauern und Terrassen, rasseln unter Picknicktassen, aufblasbaren Pools im Garten und quasseln dabei Quatsch im Matsch, dass es ein Graus ist! jetzt, wo's raus ist, müssen wir zusammenfassen: es ist ein Schlammassel. ach, lassen wir die Quasselassel.

BILD: NADIA BUDDE

TEXT: ULRIKE ALMUT SANDIG

BARTAGAME

bartagame bartagame
haben viel zu wenig arme
eigentlich haben sie keine
dafür jedoch viermal beine

bartageime bartageime
haben viel zu wenig beine
eigentlich sind sie langsame
trugbilder ganz ohne arme

bleiben wir bei bartagamen
denen mit zu wenig armen
wie sie mit vier beinen schlängeln
sich in mein gedächtnis drängeln

BILDER: NADIA BUDDE

TEXT: ARNE RAUTENBERG

FASCHING IM TIERPARK

Der Tapir geht als Pirat.
Der Kiwi geht als Mango.
Die Unke geht als Orakel.
Das Schaf geht als Stumpf.
Die Trappe geht als Indiane.
Der Kranich geht als Krandu.
Der Hecht geht als toller Kerl.
Die Boa geht als Puschelschal.
Der Papagei geht als Mamagei.
Der Leopard geht als Partylöwe.
Der Meeraal geht als Vokalsolist.
Die Meerkatze geht als Landhund.
Der Kauz geht als eigenartiger Typ.
Der Salamander geht als Schnürschuh.
Der Schmetterling geht als Volleyballspieler.
Der Flamingo geht als lateinamerikanischer Tänzer.
Der Apfelschimmel geht als verschimmelter Apfel.
Die Schwalbe geht als vorgetäuschtes Foul.
Das Zebra geht als Fußgängerüberweg.
Der Pelikan geht als Füllfederhalter.
Die Drossel geht als Beschleuniger.
Der Steinbock geht als Beinstock.
Die Fledermaus geht als Vampir.
Der Seelöwe geht als Seemöwe.
Der Adler geht als Wappentier.
Die Kröte geht als Geldschein.
Der Elefant geht als Telefon.
Der Reiher geht als Speier.
Die Taube geht als Blinde.
Das Gnu geht als Gewehr.
Die Ente geht als Anfang.
Die Elster geht als Dieb.
Die Gans geht als Halb.

DER MEERHASE

Ich habe heute einen Meerhasen gesehen,
tief unten im Meer.
Er wollte auf einem Bein stehen,
aber im Wasser geht das schwer.
Dann hat er einen Salto gemacht
und mir eine Karotte gebracht.
Plötzlich war er wieder fort.
Das Meer ist ein rätselhafter Ort.

TEXT: HEINZ JANISCH
BILD: REGINA KEHN

BILD: JULIA FRIESE

TEXT: ARNE RAUTENBERG

EIN NILPFERD STECKT IM LEUCHTTURM FEST

ein nilpferd steckt im leuchtturm fest
hat sich die treppen hochgeschoben
sich in den leuchtturm reingepresst
steckt nun auf ewig fest dort oben

und wenn das fahle leuchtturmlicht
hoch oben runden zieht und macht
dass sich das licht am nilpferd bricht
dann scheint ein schatten durch die nacht

SOS

Das Meerschweinchen
in großer Not:
Es sitzt in einem
Segelboot,
das abzusaufen droht.

Doch das Tierchen
rettet sich
mit Schwimmflügeln
aus Meerrettich.

DAS AQUARIUM BLEIBT HEUTE GESCHLOSSEN

Der Hecht
   fühlt sich schlecht

Der Butt
   ist kaputt

Die Flunder
   kaum gesunder

Die Auster
   noch zerzauster

Der Aal
   ist grippal

Die Forelle
   hat 'ne Delle

Die Qualle
   sie nicht alle

Der Dorsch
   fühlt sich morsch

Die Languste
   plagt die Kruste

Der Makrele
   kratzt die Kehle

Der Hummer
   hat schwer Kummer

Den Wels
   laust der Pelz

Der Lachs
   hat'n Knacks

Die Dorade
   nervt 'ne Made

Der Rochen
   hat gebrochen

Der Hai
   stöhnt „Auwei!"

Und den Barsch
   juckt's an den Flossen

Aquarium heute geschlossen!

ENE MENE SCHLUMPEL
ICH ZEIG DIR MEINE KUMPEL

Montag ist ein Murmeltier
Dienstag ein müder Vampir

Mittwoch mag weder Blutwurst noch Bier
Donnerstag spielt auf dem Klavier

Freitag raschelt leis mit Papier
und schreibt ein Gedicht

das reimt sich fast nicht

Sonnabend wird meistens
Samstag genannt

Sonntag schläft lang
und fährt kurz aufs Land

sieben Kumpel habe ich.
immer ist einer da für mich

eins, zwei, drei, vier, fünf, sechs, sieben
he, warum rennt ihr so?

stehen geblieben!

TEXT: ULRIKE ALMUT SANDIG

MUHFRIEDEN

muhhause ist da wo die kuh wohnt
wo alle kühe muhsammen lachen
sich muhgeständnisse machen
hörst du mir muh! hör ich dir muh!

muhhauf stehen also die riesen
kauen muhfrieden auf wiesen
nur beim muhbettgehen gibts etwas ruh
da fallen der kuh die augen muh

TEXT: ARNE RAUTENBERG

MEIN FREUND

Im Kopf
summen die Bienen
ein Honiglied

In den Beinen
üben die Pferde
den Galopp

So steht er da,
mein Pferdebär

Summend nimmt er mich mit
auf einen Ritt

ABSOLUTER SCHAFSINN

auf dem rasen grasen grasen
schafe grasen auf dem rasen
kauen wieder gräser gräser
wieder gräser kauen schafe
und die schäfer schlafen schlafen
schäfer schlafen auf dem rasen
schafe kauen tage tage
tage tage kauen schafe
auf dem rasen schlafen grasen
auf dem rasen grasen schafe

HANNIBAL

Mein liebster Freund ist Hannibal.
Aber heut dacht ich echt: der kann mich mal.
Pinkelt mir erst ins Bett,
dann – besonders nett – noch in die Tasche,
sogar in die neue Trinkflasche.
Dann weiter untern Küchentisch.
Das hab ich sofort weggewischt.

Hannibal, du bist doch sonst nicht so!
Du gehst doch sonst aufs Katzenklo!

ANGELN

```
    |
B | ACH
H | ECHT
F | ANG...ST
    ¿
```

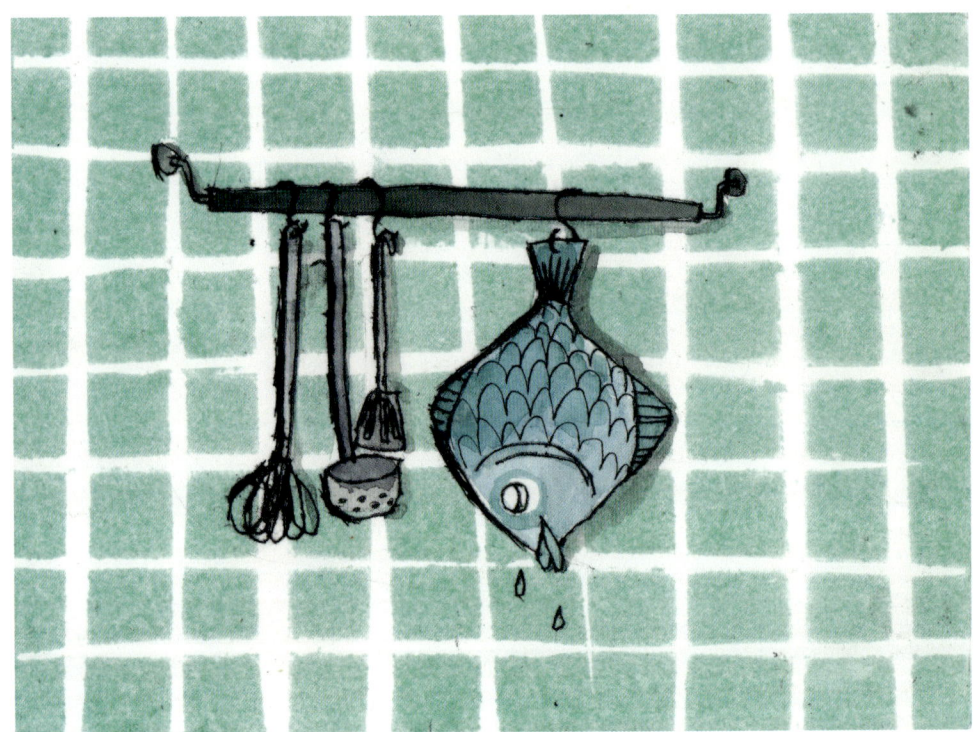

BILD: JULIA FRIESE

TEXT: ULRIKE ALMUT SANDIG

WISCHFISCH

so ein Wischfisch ist praktisch. er passt in jede Hosentasche, besser noch in eine Flasche. er frisst vegetarisch. er spricht fließend Französisch. er ist genetisch perfekt. er bäckt bombastische Quiche und den landesüblichen Kladderadatsch. morgens zwitschert er klassisch im Fenster, abends verjagt er fantastisch Gespenster. manchmal reckt er sich zärtlich empor und steckt dir seine kleine Flosse ins Ohr. dann fummel ihn flugs aus seiner Flasche oder aus deiner Hosentasche und lege ihn auf einen schmutzigen Tisch. erst zischt er kreuz und quer, dann huscht er hin und her, schließlich rollt er sich geschickt nach links und rechts und wie verrückt, bis der letzte Krümel weggeleckt ist! wirklich praktisch, so ein Wischfisch.

EIN BRIEFWECHSEL

Krickel, das Karnickel
schreibt
Krackel, dem Dackel:

Wollen wir nicht mal wieder
einen Wettlauf machen?

Krackel, der Dackel
schreibt
Krickel, dem Karnickel:

Lieber nicht.
Meine Beinchen sind zu kurz,
und ich verliere immer.

Krickel, das Karnickel
schreibt
Krackel, dem Dackel:

Ja, stimmt, Du hast recht,
ich bin ziemlich schnell,
doch Du hast dafür
das schönere Fell.

TEXT: MICHAEL AUGUSTIN

HILFE!

„Hilfe!
Eine Maus ist im Haus!",
ruft der kleine Elefant erschrocken
und flüchtet samt Schuhe und Socken
auf einen Stuhl in die Höhe.
„Schön, dass ich Sie sehe",
sagt die Maus galant.
„Ich finde Sie sehr elegant,
Sie haben so wunderbar rote Schuhe an!
Ob ich die auch wo kaufen kann?"
„Gleich ums Eck, bei Harrys Schuhe,
da liegen sie, links, in einer Truhe",
sagt der kleine Elefant.
Da ist die Maus gleich losgerannt.

TEXT: HEINZ JANISCH

SCHNECKENWETTLAUF

Zwei Schnecken
wetzen um die Wette
für eine
Meisterschaftsplakette.

Es ist ein
ziemlich lahmes Rennen
und das Publikum
fängt an zu pennen.

Keiner sieht
wer hier gewinnt
weil alle schon
am Schnarchen sind.

Zurück bleibt nur
ein wenig Schleim:
Das trifft sich gut
für diesen Reim.

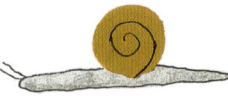

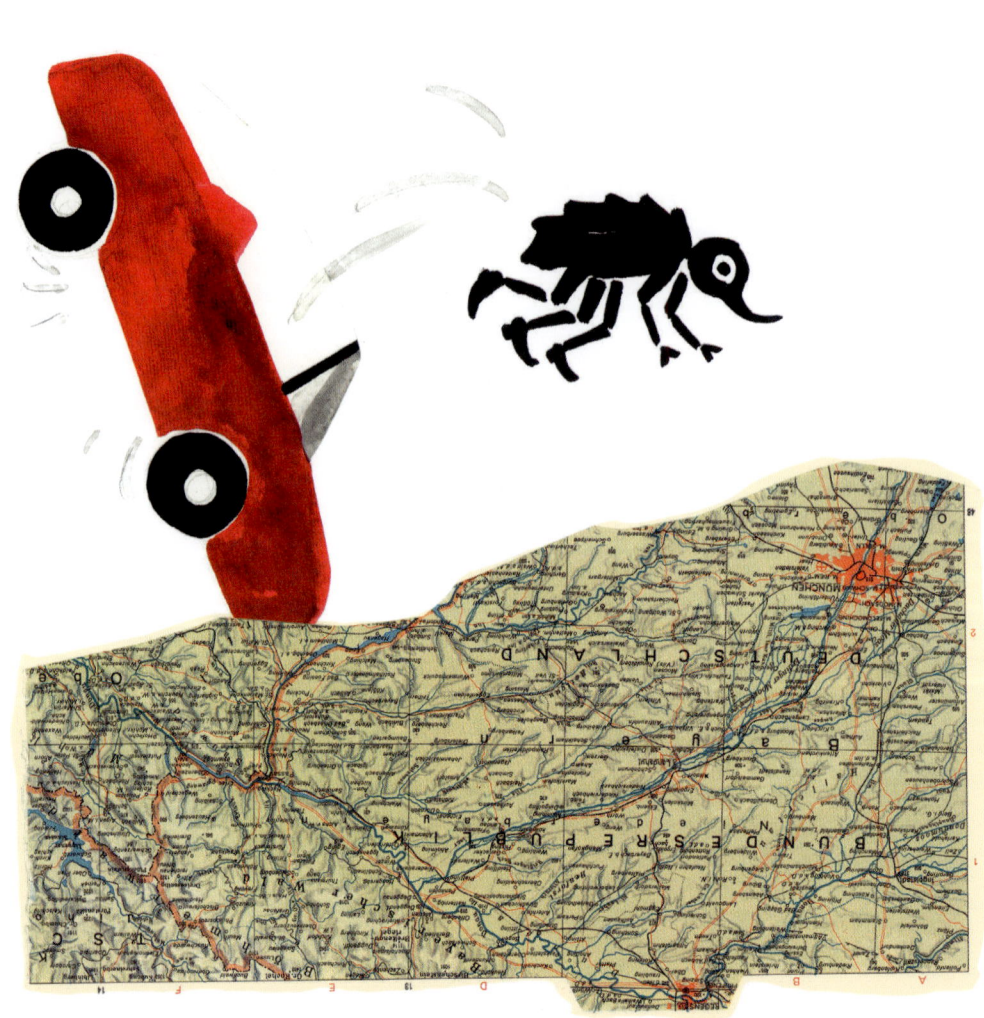

FLÖHCHENS LETZTE REISE

ein fideler floh aus kiel
fuhr mit seinem automobil
herunter bis nach münchen dort
sprang er von seinem lenkrad fort
nur hundert hüpfer ins hofbräuhaus
ein sprung in den bierschaum
und dann wars aus

WIE MAN EIN KÜKENGEDICHT MACHT

1. Zuerst ein Hühnergedicht schreiben.

2. Dann ein Eiergedicht schreiben.

3. Das Eiergedicht ganz vorsichtig
unter das Hühnergedicht schieben.

4. Abwarten.

5. Immer noch abwarten.

6. Jetzt mal nachgucken,
 ob das Kükengedicht
 schon geschlüpft ist.

7. Falls es noch nicht
geschlüpft sein sollte:
einmal bis siebenundsiebzig zählen.

8. Jetzt nochmal nachgucken.

9. Falls es nun immer noch nicht geschlüpft sein sollte,
musst du dich auf den Kopf stellen
und zwei Stunden lang
alle fünf Minuten „Kikeriki!" sagen.

10. Oder du schreibst dir einfach selber eins.

TEXT: MICHAEL AUGUSTIN

DIE RUHIGE TAUBE

Wer ist Schnellster?,
fragte die Elster
die Taube.
Ich glaube,
ich nicht, antwortete jene.
Denn ich sehne
mich nach Ruh.
Flieg du nur zu!

TEXT: MATHIAS JESCHKE
BILD: JULIA FRIESE

KÄPT'N JOE

Käpt'n Joe, der Papagei,
schweigt für drei.
Ein alter Seebär wie er
tut sich mit dem Reden schwer.
Er kennt alle Hafenspelunken
und wär dreimal – fast – ertrunken.
Er hat die ganze Welt gesehen
und kann siebzehn Sprachen verstehen.
Ob er sie auch spricht?
Ich weiß es nicht.
Käpt'n Joe, der Papagei,
hasst Spinat und Haferbrei.
Er liebt Whiskey und Bier
und spielt mit dem Schnabel Klavier.
Er liebt die frühen Morgenstunden
und ist manchmal – für Monate – verschwunden.
Ist das Fernweh wieder einmal zu groß
geht er an Bord – und die Reise geht los …

WINTERGEKRÄCHZE

hundert krähen
im februar
krächzen laut
kaum vorstellbar
wenn der graue
tag sich neigt
früh die nacht
hinuntersteigt
hundert krähen
im februar
krächzen weithin
wahrnehmbar
suchen ihren
schlafbaum auf
und die nacht
nimmt ihren lauf
also schlaf auch
ich und träume
von nem anflug
auf die bäume
denn ich bin
ein krähentier
krächz im jetzt
und krächz im hier

WÄLZENDE ISLANDPONYS IM SCHNEE

islandponys im
fallenden schnee
wie schön ist
was ich seh

wie sich islandponys
auf den rücken legen
strampelnd die beine
in flocken bewegen

da sagt mir mein rücken mein bauch
kann ich nicht auch
so frei und so rein
wie ein islandpony sein?

BILD: JULIA FRIESE

TEXT: ARNE RAUTENBERG

MEIN KUSCHELTIER

Mein Kuscheltier heißt
Hannibal, es ist ein Elefant.

Hannibal hat weiße Räder
und sein Sattel ist aus Leder.

Hat seinen Platz an meinem Bett,
ist immer bei mir, grau und fett.

Seh ich ihn an, so ist mir meist,
als hätten wir uns immer schon gekannt.

TEXT: MATHIAS JESCHKE
BILD: REGINA KEHN

SCHMUGNU

was wohl das Schmugnu heute macht? erst hat es leis' vor sich hin gelacht. dann ist es zum Elefanten gegangen, der stand vor dem Spiegel und steckte sich Spangen ins Haar. „har har", hat das Schmugnu hämisch gelacht und freundlich gefragt: „spielen wir Schach?" „nöööööööööö!", trompetete der Elefant, „das letzte Mal war ich so außer mir, dass ich wieder verlier, da habe ich aus Versehen ein Reh überrannt!" drauf das Schmugnu galant: „heute bist du der Gewinner!" Buh! das Schmugnu gewinnt immer. denn das Schmugnu schummelt schlimmer als ein Pressesprecher in Amerika. gib Obacht, was das Schmugnu macht. wenn's leise lacht, plant's schon den nächsten Coup!

GEBET AUF DER ARCHE NOAH

oink-oink schnurr-schnurr summ zwitscher
gack-gack-gack miau gurr fieps-fieps
rrroaaarrr-rrroaaarrr maunz-maunz
röööhr guru ahuuu-hu
krah-krah meck-meck krah-krah tschilp-tschilp
u-huuu nag-nag-nag wau i-aah kiwitt
quack-quack-quack-quack gock-gock-gock zirp
grunz-grunz-grunz muh-muh-muh bäh-bäh-bäh wüüü-ü-ü
tröööt kuckuck muck-muck-muck töörööörööö
blubb-blubb schnatt-schnatt-schnatt tsss put-put-put-put
mäh-mäh fauch-fauch-fauch a-huuuu-uuuuuh
grrr wuff kikeriki bssssst mäh-mäh-mäh

amen

TEXT: ARNE RAUTENBERG

GROSSE SCHIFFFAHRT

Wen hört man da auf hoher See?
Wer wauwaut da in den Wellen?
Seltene Bellfine?
Oder dröhnen da Krawale?

Der Dampfer fährt nach Norden.
Immer wärmer wird's da oben jetzt den armen Schweißbären.
Nicht zu verwechseln mit den eifrig jeden Fisch oder Zisch
(besonders schneller Fisch) jagenden Fleißbären.

Nun geht's nach Amerika zu deiner Tante Erika.
Den Weg zeigt euch ein schöner blauer Wal, der sogar sprechen kann:
„Erst nach rechts und dann immer geradeaus" –
das kann nur der kleine Schlauwal sein.
Sein verfressener Kumpel bringt kein Wort heraus.
Das muss – na klar – der Kauwal sein.

Und was ist riesig, rosa und grunzt?
Vor der Küste Amerikas wartet geduldig der …wal.

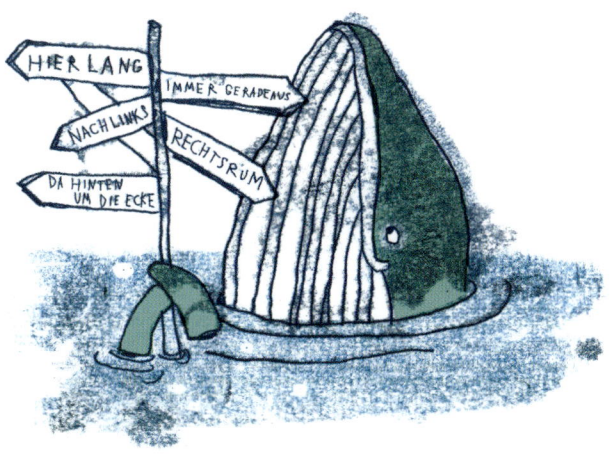

TEXT: TANJA DÜCKERS
BILDER: JULIA FRIESE

DAS PRINZREGENTENPFERDCHEN

Der Prinzregent,
    den keiner kennt,
        der ritt ein Pferd.
            Saß umgekehrt
                auf seinem Rücken
                    zum Entzücken
                      seiner Braut,
                        die sich traut,
                            sehr laut zu lachen.
                        Denn über Sachen,
                    die verkehrt
                  und klein sind,
              freut sie sich
            so unbeschwert
            wie ein Kind,
      ja, königlich.
Und das Ross,
      das war nicht groß.
            Es war so klein
                wie ein Schwein.

BILD: MICHAEL ROHER

TEXT: MATHIAS JESCHKE

EIN SPRUCH

Ein Esel hatte ein Problem:
Er konnt nicht mit den andern gehn.
Die sprangen fröhlich auf die Weide,
doch er, er litt an großem Leide.

Er hatte nämlich sich verfangen
mit seiner Mähne, der viel zu langen,
an einem Ast und war nun eingestrickt
und sehr verwickelt, sozusagen ganz verzwickt.

Der Arme sah die andern tanzen –
kurz: Er war's leid im Großen, Ganzen
und sprach zu seinem Esel-Ich:
Tier, werde wesentlich!

TEXT: MATHIAS JESCHKE

APPLAUS!

Hoch in der Luft
flattert ein Schmetterling
von Duft zu Duft.
Ich kleine Maus
liege am Rücken
und lass mich entzücken
vom Duft und von der Schönheit
des Schmetterlings.
Rundherum leuchtet ein Blumenstrauß
Meine Augen sagen: Applaus!

TEXT: HEINZ JANISCH

FLIEGEN

Die einen fliegen in der Luft
auf und davon
Ich Pinguin fliege unter Wasser
auf und davon
und hin und her
und bis zum Grund
Fernweh ist gesund

Schön ist das Schweben
hoch in der Luft
und im Wasser
So gleiten wir alle
ob Vogel oder Pinguin
durchs Leben
auf und davon
hin und her
und bis zum Grund

GUTER RAT

Das Gürteltier
trinkt zu viel Bier.

Oha! Auwei!
Wat nu?

Jetzt geht
der Gürtel
nicht mehr zu!

Da kann man
ihm nur sagen:
Es soll Hosenträger
tragen.

WIE MAN SICH EIN FABELWESEN HERSTELLT

nimm deinen alten Lieblingsteddy
denke dir ein Pferd dazu
misch ein Häuflein Wolken drunter

Elfenbeinchen, unrasiert
Nierensteinchen, glattpoliert
schüttel alles ineinander

etwas Pfeffer und im Nu
steht am Ende vom Gedicht
ein Pferdebär. siehst du ihn nicht?

UNSER HUND

Unser Hund,
der kleine Racker,
ist ein
Auf-die-Straße-Kacker.

Unerhört!
brüllt Nachbar Schneeten,
*ich bin schon wieder
reingetreten!*

Unser Hund,
der freche Beißer,
ist ein
Auf-die-Straße-Scheißer.

*Ihr Köter
soll das Klo benutzen,
statt die Straße
zu beschmutzen!*

BILDER: JULIA FRIESE

TEXT: MICHAEL AUGUSTIN

Unser Hund,
so süß und klein,
pinkelt Schneeten
an das Bein.

*So was tut
Ihr Biest nicht länger,
sonst ruf ich
den Hundefänger!*

Unser Hund,
das liebe Tierchen,
kichert nur
und trinkt ein Bierchen.

KUGELHUND

der Kugelhund, du hast es längst erraten, ist kugelrund. mit seinem roten Hundemund verschlingt er jede noch so kleine Leckerei auf seinem Weg zur Bäckerei: ein Krümel hier, ein Restchen da, ein Zipfel Wurst von Tante Trullala, Vanillekipferln von Carl-Christian Hopsassa, der Kugelhund hat viele Freunde! Stunden später angelangt vor der verlockend bunten Bäckerei, auwei: er darf nicht rein! der Kugelhund sitzt mutterseeleneinsam und allein am Bordstein und nimmt die Eingangstür in Augenschein. wie das duftet, nein! er jault aus vollem Hundeweh: „he! lass uns hier abhauen und für immer zu zweit sein, mein leckeres Schmäckerchen, fein!"

TEXT: ULRIKE ALMUT SANDIG

SCHNIEBT

ein Schniebt, das weiß doch jedes Kind
das ist ein Tier, das es nicht gibt
was nichts dran ändert, dass ein Schniebt
störrisch, wie Schniebte nun mal sind
das Schniebtischsein – wow – tierisch liebt.

warum auch nicht? so ein Schniebt
ist nicht dumm, brummt nicht „Summ"
macht nicht „Muh", ruft nicht „Buh!"
spricht nicht viel und kann nicht fliegen
frisst nicht und tut nichts als Liegen.

es ist nichts weiter als ein Schniebt
und Schniebte gibt es nun mal nicht.
mag sein, ein Schniebt ist etwas schlicht
doch schau, wie niedlich es sich schiebt
durch dieses kleine Schniebt-Gedicht!

und plötzlich macht es Bumm!
und das Gedicht ist um.

TEXT: ULRIKE ALMUT SANDIG

NACHWORT

Frische Verse, illustre Bilder: Unter dem programmatischen Titel „Mehr Gewicht fürs Kindergedicht" hoben die Deutsche Akademie für Sprache und Dichtung, die Stiftung Internationale Jugendbibliothek und die Stiftung Lyrik Kabinett im Jahr 2016 eine gemeinsame Veranstaltungs- und Werkstattreihe aus der Taufe. Mit Michael Augustin, Tanja Dückers, Heinz Janisch, Mathias Jeschke, Arne Rautenberg und Ulrike Almut Sandig kamen an einem sonnigen Frühlingswochenende sechs Lyrikerinnen und Lyriker aus Deutschland und Österreich auf Schloss Blutenburg in München zusammen, um mit Sprache zu spielen und Reime zu drechseln. In lebhaftem Austausch und in zurückgezogener Arbeit entstand eine Vielzahl von Kindergedichten, die, taufrisch wie sie waren, am folgenden Tag bereits dem Publikum präsentiert wurden. Für die Texte gab es viel Beifall – und so startete im Sommer 2017 der zweite Teil des Projekts: Nadia Budde, Julia Friese, Regina Kehn und Michael Roher illustrierten die Gedichtauswahl, die in dieser Anthologie versammelt ist. Jede/r der vier Illustratorinnen und Illustratoren entdeckte andere Lieblingsgedichte, und alle arbeiteten eifrig vor sich hin: Es wurde gezeichnet, gedruckt und gemalt, geschnipselt, geklebt und collagiert. So konzentriert waren die vier bei der Sache, dass sie fast das Essen vergaßen …

„Mehr Gewicht fürs Kindergedicht" – alle Mitwirkende des Projekts verbindet das gemeinsame Ziel, die Aufmerksamkeit für die kreative Vielfalt der Kinderlyrik und ihre die kindliche Sprachfantasie fördernde Kraft zu stärken. Gestartet als Experiment mit ungewissem Ausgang, hat sich das Projekt zu einer Erfolgsgeschichte mit Künstlerwerkstätten, zwei Gesprächen im „Kinderlyrischen Quartett" und Veranstaltungen für Kinder und Erwachsene entwickelt und wird nun mit der vorliegenden Anthologie vollendet. Wir danken allen Beteiligten für ihre Ideen und ihr großes Engagement und wünschen allen Leserinnen und Lesern viel Spaß und Freude mit den Bildern und Gedichten.

Deutsche Akademie für Sprache und Dichtung
Stiftung Internationale Jugendbibliothek
Stiftung Lyrik Kabinett

AUTOREN

MICHAEL AUGUSTIN wurde 1953 in Lübeck geboren. In Kiel und Dublin studierte er unter anderem Anglistik und Volkskunde. Seit 1979 ist er Rundfunkredakteur bei Radio Bremen. Für Erwachsene hat er zahlreiche Bücher geschrieben, die in viele Sprachen übersetzt worden sind. Mit dem Schreiben von Kindergedichten hat er jetzt erst angefangen und bastelt an seinem ersten Buch. In Bremen leitet er das internationale Literaturfestival „Poetry on the Road".

TANJA DÜCKERS wurde 1968 geboren. Sie wuchs in West-Berlin auf und studierte Germanistik, Kunstgeschichte und Nordamerika-Studien. Sie veröffentlichte zahlreiche Romane, Erzählungen, Gedichtbände und Kinderbücher sowie Essays zu ästhetischen und gesellschaftspolitischen Fragen. Oft arbeitet sie mit Malern oder Musikern zusammen; zudem lehrt sie an verschiedenen ausländischen Universitäten. Sie lebt mit ihrer Familie in Berlin.

HEINZ JANISCH wurde 1960 im Burgenland geboren. Er studierte Germanistik und Publizistik in Wien. Er lebt in Wien und im Burgenland und arbeitet als Rundfunkjournalist beim ORF. Seine Erzählungen, Gedichte und Bilderbücher wurden vielfach ausgezeichnet, unter anderem mit dem LUCHS und dem Katholischen Kinder- und Jugendbuchpreis.

MATHIAS JESCHKE, geboren 1963 in Lüneburg, studierte Theologie in Göttingen, Heidelberg und Rostock und arbeitet als Verlagslektor in Stuttgart. Er schreibt Gedichte für Erwachsene und für Kinder sowie Bilderbuchgeschichten, von denen die über den Wechstabenverbuchsler besonders bekannt geworden sind. Von 2012 bis 2017 war er Herausgeber der LYRIKPAPYRI.

ARNE RAUTENBERG wurde 1967 in Kiel geboren. Dort studierte er unter anderem Kunstgeschichte und Neuere Deutsche Literaturwissenschaft. Heute ist er freier Schriftsteller und Künstler. Neben zahlreichen Stipendien hielt er 2013 die Liliencron-Dozentur für Poetik an der Universität Kiel. Seit 2017 ist er Mitglied der Deutschen Akademie für Sprache und Dichtung.

ULRIKE ALMUT SANDIG wurde 1979 in Großenhain geboren. Sie wuchs in Sachsen auf und lebt heute mit ihrer Familie in Berlin. Sie hat zahlreiche Gedichte, Erzählbände sowie Hörspiele veröffentlicht und arbeitet bei ihren Projekten und Performances oft mit Musikern zusammen. Für ihre Gedichte wurde sie mehrfach ausgezeichnet, unter anderem 2009 mit dem Leonce-und-Lena-Preis. 2018 erhielt sie den Wilhelm-Lehmann-Literaturpreis.

ILLUSTRATOREN

NADIA BUDDE, Jahrgang 1967, war Gebrauchswerberin, bevor sie an der Kunsthochschule Berlin-Weißensee und am Royal College of Art in London Grafik studierte. Für ihre Bilderbücher wurde sie mit zahlreichen Preisen wie unter anderem dem Deutschen Jugendliteraturpreis ausgezeichnet. Sie lebt mit ihrer Familie in Berlin.

JULIA FRIESE, Jahrgang 1979, studierte Illustration und Grafik Design in Dublin, Bilbao und in ihrer Heimatstadt Leipzig. Heute lebt und arbeitet sie in Berlin. Ihre Bilderbücher sind in deutschen, französischen, lateinamerikanischen und schweizerischen Verlagen erschienen und standen unter anderem mehrfach auf der Auswahlliste „Die besten 7 Bücher für junge Leser".

REGINA KEHN, Jahrgang 1962, studierte Illustration in Hamburg. Dort lebt sie auch heute mit ihrer Familie. Seit über 20 Jahren arbeitet sie als freie Illustratorin für Magazine und verschiedene Kinder- und Jugendbuchverlage. 1993 und 2014 wurde sie für ihre Illustrationen für den Deutschen Jugendliteraturpreis nominiert.

MICHAEL ROHER, geboren 1980 in Niederösterreich, lebt heute in der Nähe von Wien. Seine Liebe zum Zirkus, zum Zeichnen, Geschichten erzählen und Gestalten sowie zur Arbeit mit Menschen bestimmen seine Tätigkeiten und Projekte. Für seine Arbeiten bekam er unter anderem das Mira-Lobe-Stipendium sowie den Österreichischen Kinder- und Jugendbuchpreis.

HERAUSGEBER

DIE DEUTSCHE AKADEMIE FÜR SPRACHE UND DICHTUNG, gegründet 1949, vereint rund 180 Schriftsteller und Wissenschaftler aus dem In- und Ausland. Sie begleitet die Entwicklung der deutschen Sprache und Literatur, sucht den Austausch mit anderen Ländern und Kulturen und bringt durch ihre Veröffentlichungen bedeutende, aber vergessene Werke wieder ins Gespräch. Alljährlich verleiht sie die renommierteste Auszeichnung für deutschsprachige Literatur, den Georg-Büchner-Preis. Seit 2014 hat sich in der Zusammenarbeit mit der Stiftung Internationale Jugendbibliothek das Arbeitsfeld der „Kinder- und Jugendliteratur" entwickelt.
Weitere Informationen unter: www.deutscheakademie.de

DIE STIFTUNG INTERNATIONALE JUGENDBIBLIOTHEK ist mit rund 650 000 Büchern in über 130 Sprachen aus vier Jahrhunderten die weltweit größte Bibliothek für internationale Kinder- und Jugendliteratur. Sie wurde 1949 gegründet und seither kontinuierlich zum international anerkannten Zentrum für Kinder- und Jugendliteratur ausgebaut. Mit einem umfangreichen Jahresprogramm an Ausstellungen, Lesungen, Werkstattgesprächen, Podiumsdiskussionen, Vorträgen, Tagungen, Fortbildungen und einem internationalen Literaturfest lockt die Bibliothek jährlich mehr als 40 000 Besucher ins Schloss Blutenburg nach München, dem Sitz der Stiftung.
Weitere Informationen unter: www.ijb.de

DIE STIFTUNG LYRIK KABINETT fördert die Poesie aller Sprachen, Regionen und Zeiten. Sie unterhält in München die größte, auf internationale Lyrik spezialisierte Bibliothek Europas (mit ca. 60 000 Medien), darunter zahlreiche hochkarätige Künstlerbücher, und richtet regelmäßig Lesungen aus. Deren Spektrum reicht vom *Gilgamesch*-Epos bis zur jüngsten Poesie der Gegenwart.
Zudem veröffentlicht die Stiftung – in mehreren unterschiedlichen Reihen – ausgewählte Werke zur Poesie und unterhält seit 15 Jahren das erfolgreiche pädagogische Modellprojekt „Lust auf Lyrik", das Schülerinnnen und Schüler auf spielerisch-kreative Weise an Dichtung heranführt.
Näheres unter: www.lyrik-kabinett.de

TIER-REGISTER

AMPHIBIEN
Kröte 46
Salamander 46
Unke 46

FISCHE
Aal 55
Barsch 55
Butt 55
Dorade 55
Dorsch 55
Fisch 6, 33, 34, 87
Flunder 55
Forelle 55
Hai 8, 55
Hecht 46, 55, 64
Lachs 55
Makrele 55
Meeraal 46
Rochen 55
Wels 55
Wischfisch 67
Zisch 87

INSEKTEN UND SPINNEN
Biene 59
Fliege 36
Floh 73
Krabbelkäfer 36
Regenwurm 22, 23
Schmetterling 46, 91
Stubenfliege 36
Tarantel 10
Tigerfliege 41

KREBSTIERE
Hummer 55
Languste 55
Quasselassel 42

REPTILIEN
Bartagame 44
Bartageime 44
Boa 46

SÄUGETIERE
Affe 21
Apfelschimmel 46
Ballettkatze 41
Bellfin 87
Biber 37
Bolf 30
Dackel 68
Eichhörnchen 9
Eisbärlöwe 41
Elefant 5, 46, 69, 83, 84
Esel 90
Flamingoaffe 41
Fledermaus 23, 46
Fleißbär 87
Flohgiraffe 41
Fuchs 29
Fußballmaus 41
Gnu 47
Gürteltier 95
Hund 9, 24, 25, 98
Islandpony 80
Jongliertapir 41
Kackel 25
Karnickel 68
Katze 9, 24, 63
Kauwal 87
Kugelhund 100
Kuh 57

Krawal 87
Lama 18
Leopard 46
Löwe 6
Mammut 14
Maus 9, 69, 91
Meerhase 49
Meerkatze 46
Meerschweinchen 52
Mensch 5, 28
Murmeltier 56
Nilpferd 51
Panthergnu 41
Pferd 26, 96
Pferdebär 59, 96
Prinzregentenpferdchen 88
Reh 84
Riesen-Wal-Schwein 8
Ross 88
Schaf 46, 60
Schlauwal 87
Schmugnu 84
Schniebt 101
Schwein 88
Schwein-Wal-Fisch 8
Schweinswal 8
Schweißbär 87
Seebär 76
Seelöwe 46
Steinbock 46
Tapir 46
Wal 6, 87
Walfisch-Schwein 8
Walschwein 8
Wolf 28
Zebra 46
Zebraziege 41

WEICHTIERE
Auster 55
Kuscheltier 83
Made 55
Qualle 55
Schnecke 70
Wurm 34
Wackelpuddingtier 35

VÖGEL
Adler 46
Blesshuhn 29
Drossel 46
Elster 46, 75
Ente 46
Flamingo 46
Gans 9, 46
Kauz 46
Kiwi 46
Krähe 79
Kranich 46
Küken 13
Leopardenuhus 41
Möwe 6
Nashornmöwe 41
Papagei 46, 76
Pelikan 46
Pinguin 92
Rabe 17
Reiher 46
Schlittschuhkrähe 41
Schwalbe 46
Schwan 39
Seemöve 46
Taube 46, 75
Trappe 46
Vogel 9, 92

INHALT

5	Himbeerbrause
6	Begegnung
8	Schweinswale oder Walschweine oder so
9	Können Tiere nicht einfach nur süß und niedlich sein?
10	Lied der tanzenden Tarantel
13	Vogelei / Das Küken
14	Mammut
17	Trauriges G-Dicht
18	Im Zoo 1
21	Im Zoo 2
22	Auf dem Fußballplatz
23	Was der Regenwurm nachts macht
24	Kätzchen & Hund
25	Stadthund
26	Heute
28	Der Wolf ist tot
29	Der Fuchs
30	Kätroppchen und der wöse Bolf
33	Ist dem Fisch kalt
34	Auf dem Fischmarkt
35	Wackelpuddingtier
36	Die Stubenfliege
37	Der Biber hat Fieber
39	Am See
41	Träume
42	Quasselasseln
44	Bartagame
46	Fasching im Tierpark
49	Der Meerhase
51	Ein Nilpferd steckt im Leuchtturm fest
52	SOS
55	Das Aquarium bleibt heute geschlossen
56	Ene mene Schlumpel ich zeig dir meine Kumpel
57	Muhfrieden
59	Mein Freund
60	Absoluter Schafsinn
63	Hannibal
64	Angeln
67	Wischfisch

68	Ein Briefwechsel	100	Kugelhund
69	Hilfe!	101	Schniebt
70	Schneckenwettlauf	102	Nachwort
73	Flöhchens letzte Reise	104	Autoren
74	Wie man ein Kükengedicht macht	106	Illustratoren
75	Die ruhige Taube	107	Herausgeber
76	Käpt'n Joe	109	Tier-Register
79	Wintergekrächze	110	Inhalt
80	Wälzende Islandponys im Schnee	112	Impressum
83	Mein Kuscheltier		
84	Schmugnu		
86	Gebet auf der Arche Noah		
87	Große Schifffahrt		
88	Das Prinzregentenpferdchen		
90	Ein Spruch		
91	Applaus!		
92	Fliegen		
95	Guter Rat		
96	Wie man sich ein Fabelwesen herstellt		
98	Unser Hund		

© Mixtvision Verlag, München 2018
www.mixtvision.de
Alle Rechte vorbehalten
Gesamtgestaltung: Veronika Preisler
Umschlagillustration: Julia Friese
Druck und Bindung: Druckerei Uhl, Radolfzell

Mit Gedichten von Michael Augustin, Tanja Dückers, Heinz Janisch, Mathias Jeschke, Arne Rautenberg und Ulrike Almut Sandig
Mit Illustrationen von Nadia Budde, Julia Friese, Regina Kehn und Michael Roher

Die Publikation ist Resultat eines gemeinsamen Projekts der Deutschen Akademie für Sprache und Dichtung, der Stiftung Internationale Jugendbibliothek und der Stiftung Lyrik Kabinett zur Förderung der Kinderlyrik.
Projektidee und Koordination: Ines Galling, Stiftung Internationale Jugendbibliothek
Koordination Lyrikworkshop: Arne Rautenberg

ISBN: 978-3-95854-126-9